Kiwi Sweets

キウイの
スイーツレシピ

こんなの初めて！ 一冊まるごとキウイレシピ48

加藤里名

マイナビ

はじめに

甘く酸味があっておいしいキウイフルーツは、
夏が近づくにつれて無性に食べたくなるフルーツの一つです。
近頃は海外だけでなく国産のものも増え、
一年中スーパーに並ぶようになりました。
しかし、キウイフルーツを使ったスイーツは、
あまり見かけないのではないでしょうか。

実は、キウイフルーツはそのまま食べるだけでなく、
加工の仕方が無限大です。
干しても、煮ても、焼いても、
それぞれにおいしさを引き出すことができます。
また、ヨーグルトや生クリームなどの乳製品や、
夏のフルーツ、パイナップルやアボカド、ココナッツ、
ハーブとも相性抜群です。
ときには、和菓子にも使える、万能なフルーツともいえます。

フランスの一流レストランでは、
デザートにキウイフルーツをふんだんに使ったり、
魚と合わせた前菜が出てきたりと、
お皿に爽やかさをプラスする食材として人気を集めています。

生のキウイフルーツを使うとゼリーが固まらなかったり、
焼くと見た目が良くなくなったりするなど、
扱いが難しいと思われがちですが、
一工夫することによっておいしく食べることができます。

本書では、ケーキの飾りの一つではなく、
キウイフルーツが主役となるような、
爽やかなスイーツの数々をご紹介しましょう。

加藤里名

CONTENTS

キウイフルーツのこと、もっと知りたい

最近、国内で出回るフルーツの中で、キウイフルーツの人気が高まってきています。
バナナやみかん、りんごをしのぐほどの勢いです。
その理由は、おいしく手軽に食べられて、栄養価が高く、スーパーにいつも並び、
入手しやすいからです。
そんなキウイフルーツの魅力に迫ってみましょう。

中国原産、ニュージーランドで品種改良

キウイフルーツは、中国南部原産のマタタビ科の蔓性落葉低木。キウイフルーツと人との歴史は古いのですが、実際に栽培されはじめたのは1960年代初頭、ニュージーランドでのことです。

日本では、1970年大阪万博のニュージーランド館で、はじめてキウイフルーツが紹介されました。1970年代後半になると、日本でもキウイフルーツが導入され、1980年代には急速に栽培されるようになりました。

国内で流通しているフルーツの中で、キウイフルーツは柿や桃の消費金額を上回り、その伸び率の高さに「キウイフルーツの奇跡」とまでいわれています。

キウイフルーツの収穫は、ニュージーランド産やチリ産は秋（日本では春）、国内産は秋になります。いずれも、いったん低温貯蔵され、消費量に合わせて徐々に出荷されています。

出典：『育てて楽しむ キウイフルーツ 栽培・利用加工』創森社刊

グリーンキウイと、ゴールドキウイの特徴

日本でもっとも出回っているのは、グリーンキウイとゴールドキウイです。この本では、この2種類のキウイフルーツを使って、素敵なスイーツレシピを紹介します。

グリーンキウイは果肉がグリーン。甘酸っぱい爽やかな風味で、とってもジューシー。ゴールドキウイは果肉がイエロー。甘みが強く、やわらかく滑らかな食感です。この2種類のキウイフルーツの特徴を活かしながら、おいしいスイーツを提案していきます。

「生」と「加熱」、楽しみ方の違い

キウイフルーツは生でも、加熱しても食べられます。生のままなら、甘酸っぱい爽やかな味わい、フレッシュな香り、鮮やかな色合いが楽しめます。

さらに、豊富なビタミンCを摂ることができます。しかし、ゼラチンなどで固めるときは、生のままだとタンパク質分解酵素（アクチニジン）が働き、固まらなくなるので要注意（詳細→p.24）です。

一方、キウイフルーツを加熱すると、色合いは少し褪せてしまいますが、酸味がやわらいでえぐみが抜け、甘みが増して旨みが凝縮されます。

キウイフルーツの選び方と保存方法

Q. 選ぶポイントは？

A. 表面がきれいでハリがあり、傷などがないものを選びましょう。一部だけやわらかかったり、凹凸のあるものは、鮮度が落ちている可能性があります。さらに、産毛が均一についているものや、平たい楕円形のものがおいしいといわれています。

Q. 食べ頃のサインは？

A. 熟すと酸味がやわらぎ、甘みが増します。頭（芯のある部分）とお尻を、人差し指と親指ではさみ、軽く押すと弾力があり、少し凹む状態なら熟しているサインです（側面を押すと、傷みの原因になるので要注意）。

Q. 追熟の方法は？

A. まだ熟していない状態なら、冷蔵庫に入れずに室内に置いておきます。また、りんごやバナナと一緒にポリ袋に入れておくと、りんごやバナナが発するエチレンガスの作用で、追熟を早めることもできます。

Q. 保存方法は？

A. 食べ頃になったら、ポリ袋に入れて冷蔵庫で保存し、早めに食べきります。

キウイフルーツの切り方・飾り切り

この本で紹介するスイーツには、生のキウイフルーツを多く使っています。
基本的な切り方と、飾り切りを紹介します。

■ 下準備

1 芯のある位置まで包丁を入れ、包丁をぐるりと一周させる。

2 芯（写真右側中央の白い部分）を取り除く。

3 キウイフルーツのお尻を切り落とし、お尻から包丁を滑らせ、皮を縦にむく。

4 3と同様にして、皮をすべてむく。

■ 輪切り

1 横から1cm幅に切る。

2 輪切りの完成。

■ さいの目切り

1 輪切りにしたキウイフルーツを、縦・横それぞれ1cm角に切る。

2 さいの目切りの完成。

■ くし形切り

1 縦半分に切る。

2 さらに縦半分に切り、4等分にする。

3 さらに縦半分に切り、8等分にする。

4 くし形切りの完成。

■ バラの飾り切り

1 縦半分に切ってから、2mm厚さの半月切りにする。 ※薄く切らないと、キウイフルーツをカーブさせることができません。

2 少しずつずらしながら、1列に広げる。

3 花の中心部を作り、花びらを1枚1枚ずらしながら丸めていく。

4 バラの飾り切りの完成。

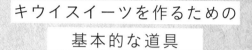

キウイスイーツを作るための
基本的な道具

特別な道具は必要ありません。
家にある道具を使って、おいしいキウイスイーツが作れます。
レシピによっては、新たに型が必要になるかもしれませんが、
一度用意しておけば、何度でも使えます。

本書のルール

- ●「キウイフルーツ」が正式名称ですが、本書のレシピページでは「キウイ」と簡略化しています。

- ● 分量は、g表記を基本にしています。

- ● キウイ1個（Mサイズ）は、可食部約100gとします。

- ● 卵はMサイズを使用し、全卵50g、卵黄20g、卵白30gが目安となります。

- ● バターは無塩バターを使います。

- ● 生クリームは乳脂肪分36％のものを使います。

- ● 薄力粉はスーパーバイオレットを使用していますが、他の薄力粉でも大丈夫です。

1

キウイで作る "おいしい素"

熟したキウイフルーツを使って、
セミドライ、はちみつ漬け、コンポート、ソース、
ジャムを作っておきましょう。
ソース以外は、すべて保存することができます。
そのまま食べてもおいしいのですが、
さまざまなスイーツを作るときに、
"おいしい素"として、大活躍してくれます。

キウイのセミドライ

旨みがギュッと凝縮され、しんなりやわらかい

材料

キウイ（グリーン、ゴールド）…各1個
グラニュー糖 …15g

＊天板にオーブンシートを敷いておく。
＊オーブンは100度に予熱しておく。

常温保存
2週間

※直射日光、高
温多湿を避けて
保存する。

作り方

1 キウイは芯を取り除いて皮をむき、5mm厚さの輪切りに
する。

2 天板に1のキウイをのせ、グラニュー糖を均一にかけ、
予熱した100度のオーブンで1時間乾燥させる。裏返
してさらに1時間乾燥させ、網にのせて冷ます。

3 保存容器に乾燥剤と、2のキウイを入れて保存する。

Memo

食感を残すために厚めにスライス。オーブンで乾燥後にべたついたら、時
間を延長してしっかり乾燥させます。電子レンジを使用する場合は、500W
で両面3分ずつ加熱し、ざるにのせて半日天日干しにします。

チョコレートがけ

コーティング用チョコレート
（スイート、ホワイト）を湯せんして溶かし、
キウイのセミドライ（グリーン、ゴールド）を
半分だけディップし、
5分ほど冷蔵庫で冷やし、乾燥させます。

キウイ羊羹

RECIPE → p.43
こしあんの羊羹の中に、
キウイのセミドライが入っています。
乾燥させたキウイを使っているので、
水っぽくなりません。

セミドライキウイの
パウンドケーキ

RECIPE → p.77
旨みが凝縮された
キウイのセミドライは、
焼き菓子にフルーツピールとして使うと、
その威力をさらに発揮してくれます。

キウイのはちみつ漬け
酸味がやわらぎ、まろやかな甘さに

材料
キウイ（グリーン）…2個
はちみつ …40g

冷蔵保存
3日間

作り方
1 キウイは芯を取り除いて皮をむき、5mm厚
　さの輪切りにする。
2 保存容器に、1のキウイとはちみつを交
　互に入れ、ふたをして冷蔵庫で半日漬ける。

Memo
漬け込み時間が長くなると、色落ちする場合があります。

キウイのグラノーラ

器に、ギリシャヨーグルト、
キウイのはちみつ漬け、グラノーラ、
いちごを盛って、タイムを散らします。

キウイのパブロバ

RECIPE →p.61
サクッとしたメレンゲの上に、
生クリームと、とろりとして風味豊かな
パッションフルーツ、
キウイのはちみつ漬けをのせています。

キウイのショートケーキ

RECIPE →p.65
ジェノワーズ生地に、
生クリームと一緒に
キウイのはちみつ漬けをサンドし、
さらに上にもデコレーションしています。

キウイの白ワインコンポート

白ワインとレモンの風味で、大人の味わい

材料

キウイ（グリーン）…2個
白ワイン …100g
水 …100g
グラニュー糖 …120g
レモン汁 …15g
レモンの皮（国産）…1/3個分

冷蔵保存
1週間

作り方

1 キウイは芯を取り除いて皮をむき、5mm厚さの輪切りにする。

2 鍋に白ワインと水を入れ、グラニュー糖、レモン汁、レモンの皮を加え、中火にかけて沸騰させ、シロップを作る。

3 2の鍋に1のキウイを入れ、ふたたび沸騰したら火を止め、レモンの皮を取り除き、落とし蓋をしてそのまま冷ます。

4 保存容器に3をシロップごと入れ、冷蔵庫に入れる。

Memo

作り立ては少し色落ちしますが、冷めるとふたたび色が戻ります。

ARRANGE **1**

<u>アイスクリーム添え</u>

バニラアイスクリーム
（アイスクリームディッシャー1杯分）に、
キウイの白ワインコンポート（2枚）と、
ミントの葉を添えます。

ARRANGE **2**

<u>キウイのパフェ</u>

RECIPE →p.49
キウイを使って作った、
冷たいスイーツが盛りだくさん。
中にはキウイの白ワインコンポートで作った
ゼリーも隠れています。
シックな色合いの大人のパフェです。

ARRANGE **3**

<u>キウイのマカロン</u>

RECIPE →p.69
グリーンキウイ色のコロンとした姿の中に、
バタークリームと、
キウイの白ワインコンポートをサンド。
甘くて濃厚な味わいです。

キウイソース

キウイのおいしさが、ストレートに伝わる

材料（約220g分）

キウイ（グリーン）…2個

グラニュー糖 …25g

レモン汁…2g

冷蔵保存
当日中

作り方

1 キウイは芯を取り除いて皮をむき、ピューレ状に刻む。

2 小さいボウルに**1**のキウイを入れ、グラニュー糖、レモン汁を加えて混ぜ、冷蔵庫で30分ほど冷やす。

Memo

フードプロセッサーを使って、キウイをピューレ状にしてもOK。

ARRANGE **1**

練乳キウイかき氷

器にキウイソース（30g）を入れ、
かき氷（200g）を削って加えます。
キウイソース（70g）と
練乳（20g）を、上からかけましょう。

ARRANGE **2**

キウイソースのパンナコッタ

RECIPE → p.45
濃厚なパンナコッタには、
キウイのおいしさが、
ストレートに伝わる、
キウイソースがよく合います。

ARRANGE **3**

キウイのラッシー

RECIPE → p.95
キウイソースは、当日中に食べきります。
飲み物にすれば簡単。
ゴールドキウイのソースも作って、
2種類のラッシーにしてみました。

キウイジャム

キウイの香りが引き立ち、トロッとした食感

材料（約300g分）

キウイ（グリーン）…300g

※熟してやわらかいものを使用。

グラニュー糖 …180g

レモン汁 …15g

＊保存瓶は煮沸消毒しておく。

常温保存 1カ月

※直射日光、高温多湿を避けて保存。

※開封後は冷蔵保存。

Memo

キウイジャムを煮るとき、火が強過ぎると茶色くなるので、弱火で煮詰めるのがポイント。キウイジャムを保存するときは、出来立てのジャムを保存瓶の口まで入れ、ふたをして保存瓶を逆さにして冷まして脱気する。

作り方

1 キウイは芯を取り除いて皮をむき、粗いピューレ状に刻む（フードプロセッサーの使用可）。300g分を量って、取り分ける。

2 ホーロー鍋に1のキウイを入れ、グラニュー糖、レモン汁を加えてゴムベラで混ぜる。30分ほど常温のままおき、材料をなじませる。

3 2の鍋を中火にかけ、ゴムベラで混ぜながら加熱し、沸騰したら弱火にする。小さな泡がゆっくり上がってくるような火加減で、アクを取りながらゴムベラで鍋底から大きく20分ほど混ぜ続け、少しとろみがつくまで水気を飛ばす。

※親指と人差し指の間にジャムをつけ、1cmほど糸を引くくらいが目安（冷めると、さらにとろみがつくので、緩いとろみでOK）。

キウイとマンゴーの
ヨーグルトバーク

RECIPE →p.35
軽い食感のヨーグルトを使ったアイス、
グリーンキウイとマンゴーを
絵のように配置して……。
キウイジャムがコクをプラスしています。

ARRANGE 2

キウイのヴィクトリアケーキ

RECIPE →p.73
バターケーキの間に、
濃厚なクリームチーズと、
キウイジャムをサンド。
生のキウイも盛りつけました。

ARRANGE 3

キウイのパイナップルケーキ

RECIPE →p.79
ホロリとした生地に、
キウイジャムをしのばせました。
小さいサイズでも、
食べごたえ十分です。

キウイマンゴー パッションジャム

パッションフルーツの風味で、トロピカルな味わい

材料（約300g分）
キウイ（グリーン）…150g
マンゴー …100g
パッションフルーツ
…50g（約1個）
グラニュー糖 …180g
ライム果汁 …15g

> **常温保存 1カ月**
>
> ※直射日光、高温多湿を避けて保存。
> ※開封後は冷蔵保存。

作り方
1 キウイは芯を取り除いて皮をむき、1cm角に切る。マンゴーは皮をむき、1cm角に切る。パッションフルーツは横半分に切り、中身をスプーンで取り出す。
2 ホーロー鍋に1のフルーツを入れ、グラニュー糖、ライム果汁を加えてゴムベラで混ぜる。30分ほど常温のままおき、材料をなじませる。
※煮詰め方は、キウイジャム→p.20

Memo

パッションフルーツがない場合は、マンゴーを150g入れ、フルーツの総量が300gになるように調整する。

キウイとパイナップルの 2層ジャム

2種類のジャムは、別々に食べても、混ぜてもOK

材料 （約300g分）
キウイジャム
キウイジャム …150g
※材料と作り方→p.20
パイナップルジャム
パイナップル …150g
グラニュー糖 …90g
レモン汁 …7g

> **常温保存 1カ月**
>
> ※直射日光、高温多湿を避けて保存。
> ※開封後は冷蔵保存。

作り方
1 パイナップルは芯と皮を取り除き、5mm角に切る。
2 ホーロー鍋に1のパイナップルを入れ、グラニュー糖、レモン汁を加えてゴムベラで混ぜる。30分ほど常温のままおき、材料をなじませる。
※煮詰め方は、キウイジャム→p.20
3 器にパイナップルジャムを入れ、キウイジャムをのせて2層にする。

ゴールドキウイと
オレンジのジャム

ゴールドキウイの甘さに、ほのかなオレンジの風味

レモングラス
キウイジャム

レモングラスの爽やかな酸味をプラス

材料（約300g分）
キウイ（ゴールド）…200g
オレンジ …100g
グラニュー糖…180g
レモン汁 …15g

> **常温保存**
> **1カ月**
>
> ※直射日光、高
> 温多湿を避けて
> 保存。
> ※開封後は冷
> 蔵保存。

作り方
1 キウイは芯と皮を取り除き1cm角に切る。
　オレンジは皮をむき、袋から身を取り出し
　て1cm角に切る。
2 ホーロー鍋に1のキウイとオレンジを入れ、
　グラニュー糖、レモン汁を加えてゴムベラ
　で混ぜる。30分ほど常温のままおき、材
　料をなじませる。
※煮詰め方は、キウイジャム→p.20

材料（約300g分）
キウイ（グリーン）…300g
はちみつ …120g
レモン汁 …15g
レモングラス（乾燥）…0.3g

> **常温保存**
> **1カ月**
>
> ※直射日光、高
> 温多湿を避けて
> 保存。
> ※開封後は冷
> 蔵保存。

作り方
1 キウイは芯と皮を取り除き、3mm厚さの半
　月切りにする。
2 ホーロー鍋に1のキウイを入れ、はちみつ
　とレモン汁を加えて中火にかけ、沸騰し
　たら弱火にし、アクを取りながら10分煮
　詰める。
3 瓶に詰める前にレモングラスを加えて
　混ぜる。

キウイフルーツの酵素の話

キウイフルーツには、
タンパク質分解酵素（アクチニジン）という成分が含まれ、
ゼリーが固まらないなど、さまざまな作用を引き起こします。
ゼラチンを使う際は、キウイフルーツを加熱して使うことがコツです。

生のキウイフルーツを使うと、
ゼラチンは固まらない

　キウイフルーツを生のまま使って、ゼラチンでスイーツを作ろうとすると、固まりません。なぜなら、キウイフルーツにはタンパク質分解酵素（アクチニジン）が含まれているため、ゼラチンのタンパク質を強力に分解してしまうからです。
　キウイフルーツをゼラチンで固めたいときは、まずキウイフルーツを加熱することをおすすめします。加熱によってタンパク質分解酵素の働きが消滅するからです。

乳製品、卵白、小麦粉にも、
生のままキウイフルーツを使うと影響を及ぼす

　キウイスイーツを作る場合、ゼラチンのほかにも、タンパク質が含まれる材料を使うことがあります。
　乳製品のタンパク質（カゼイン）、卵白（アルブミン）、小麦粉（グルテンなど）にも、キウイフルーツのタンパク質分解酵素が働きます。
　たとえば、ヨーグルトに生のキウイフルーツを入れると苦味が出て、時間が経つと水っぽくなってしまいます。

Part

2

キウイの冷たいスイーツ

粉寒天、ゼラチン、アガーなどを使った、
ジュレやパンナコッタなどの、
ひんやりスイーツを紹介します。
さらに、アイスクリーム系スイーツの変わり種、
ヨーグルトバークやセミフレッドも……。
作り方はとても簡単なので、
ぜひチャレンジしてみてください。

キウイの琥珀糖

やわらかいのがお好みなら、作ってすぐに食べ、
カリッとしたのがお好みなら、2日後以降に食べましょう。
日ごとに食感が変わっていくのも、楽しみのひとつです。

材料

（縦17×横14×高さ5cmの寒天流し型1台分）

＊型は水で濡らしておく。

粉寒天 …4g
水 …150g
グラニュー糖 …200g
キウイジャム …50g
※材料と作り方→p.20
キウイのセミドライ（グリーン）…20g
※材料と作り方→p.12

作り方

1 鍋に粉寒天と水を入れてゴムベラで混ぜてから、中火で沸騰させ、弱火にして2分煮詰める。
2 グラニュー糖を加え、さらに約5分、ときどき混ぜながら、糸を引くまで煮詰める（→a）。
3 型に2を、茶漉しで裏ごししながら入れ、キウイジャム、いちょう切りにしたキウイのセミドライを数カ所に落とし入れ、キウイジャムを竹串で小さく円を描くように混ぜる。冷蔵庫で2時間ほど、冷やし固める。
4 型から取り出し、好みの大きさに切る。

a

Memo

左ページの写真のように、作り立ては透明ですが、日数が経つにつれて半透明になり、表面が固まってきます。

1日後

1週間後

Memo

粉寒天と水はしっかり煮詰めます。グラニュー糖を入れてからは、かき混ぜ過ぎると透明度と凝固力が下がります。たまに火から離して混ぜ、焦げないように注意しましょう。

キウイとマンゴーのジュレ

キウイのジュレとマンゴーのジュレを
2層仕立てにしました。
ミントがまとめ役になっています。
透明感のあるアガーを使った、涼やかなスイーツです。

材料（2人分）

キウイ（グリーン）…70g

マンゴー …70g

ミントの葉 …20枚

シロップ
┌ 水 …300g
│ グラニュー糖 …30g
└ レモンの皮（国産）…1/3個分

┌ グラニュー糖 …40g
└ アガー …10g

Memo

アガーの原料は、カラギーナンという海藻や、ローカストビーンガムというマメ科の種子の抽出物です。アガーはグラニュー糖などの砂糖と混ぜてから使います。液体に対して、2〜3%のアガーを加えると固まります。常温でも溶けず、透明度が高いのが特徴です。

作り方

1 キウイは芯を取り除いて皮をむき、5mm角に切る。マンゴーは縦半分に切って切り込みを入れ、5mm角に切る。ミントの葉はみじん切りにする。

2 鍋に水、グラニュー糖（30g）、レモンの皮を入れて軽く沸騰させ、レモンの皮を取り出し、シロップを作り、300gを使用する。

3 ボウルにグラニュー糖（40g）とアガーを入れてよく混ぜ、温めた2のシロップ（300g）を3回に分けて加え、泡立て器でそのつどよく混ぜたら、2の鍋に戻し、ふたたび軽く沸騰させる。

4 ボウルに戻して氷水に当て、ゴムベラで混ぜながら粗熱を取り、トロッとしてきたら1のミントの葉を加え、ジュレ液を作る。

5 別のボウルを2つ用意し、半量ずつ4のジュレ液を入れる。一方に1のキウイ、もう一方に1のマンゴーを加えてからめ、2種類のジュレを作る。

6 グラスの下半分に5のマンゴーのジュレを入れ、上半分に5のキウイのジュレを加え、冷蔵庫で冷やし固める。

キウイの白ワインゼリーと
クレームダンジュ

クレームダンジュの発祥は、フランスのアンジュ地方。
チーズケーキの一種です。
本来はフロマージュブランを使いますが、
手軽な水切りヨーグルトを使って、ふんわりした食感にしています。
甘酸っぱいキウイとの相性が抜群です。

材料（2人分）

キウイの白ワインゼリー
キウイの白ワインコンポートのシロップ
　…200g
┌ 粉ゼラチン …5g
└ 冷水 …25g
＊粉ゼラチンは冷水（25g）につけ、ふやかしておく。
キウイの白ワインコンポート …120g
※材料と作り方→p.16
＊キウイの白ワインコンポートのキウイは、輪切りを4等分の
　いちょう切りにしておく。

クレームダンジュ
水切りヨーグルト …100g
※プレーンヨーグルト200g使用。

生クリーム …50g
グラニュー糖 …25g

仕上げ
ミントの葉 …適量

Memo
液体に対して2%のゼラチンを入
れます。ゼラチンは50〜60度
で溶け、熱し過ぎると固まらない
性質があります。キウイなど酵
素の多いものは、一度火を通し
たコンポートなどを使うと固まり
ます。

作り方

キウイの白ワインゼリー

1 鍋にキウイの白ワインコンポートのシロッ
プを入れて中火で温め、軽く沸騰してきた
ら火を止め、ふやかした粉ゼラチンを加え
て溶かす。

2 ボウルに移して氷水に当て、しっかり冷や
し、キウイの白ワインコンポートのキウイ
を加え、ざっくり混ぜる。

3 バットに移し、冷蔵庫で冷やし固める。

クレームダンジュ

1 ボウルにざるをのせてキッチンペーパー
を敷き、プレーンヨーグルトを入れ、冷蔵
庫で1〜2時間ほどおき、半量（100g）
になるまで水を切り、水切りヨーグルトを
作る。

2 別のボウルを氷水に当て、生クリーム、グ
ラニュー糖を入れ、泡立て器で7分立て
にする。

3 ゴムベラに持ち替え、**1**の水切りヨーグ
ルトを入れたボウルに、2回に分けて**2**の
生クリームを入れ、そのつど切るように
混ぜ合わせる。

仕上げ
グラスの下にクレームダンジュを入れ、ほぐ
したキウイの白ワインゼリーを加え、ミント
の葉をのせる。
※出来上がったゼリーは25度以上で型崩れするので、夏場は
　注意が必要。

キウイのソルベ

キウイ好きな人にはたまらない、
キウイ感満載のソルベ。
アイスクリーマーを使わない、シャリシャリした食感が魅力です。

材料（4人分）

シロップ
┌ グラニュー糖 …60g
│ 水飴 …30g
└ 水 …120g

キウイ（グリーン）…200g（2個）
レモン汁 …3g
レモンの皮のすりおろし（国産）…1/2個分

作り方

1 鍋にグラニュー糖、水飴、水を入れて沸騰させ、シロップを作る。
　冷蔵庫で冷やす。
2 フードプロセッサーまたは包丁で細かく刻んだキウイ、レモン汁、
　レモンの皮のすりおろしをボウルに入れ、1のシロップ（120g分）を
　加えて混ぜる。
3 バットに2のソルベ液を入れ、冷凍庫で4時間ほど冷やし固める。
　途中で2〜3回、フォークでほぐして混ぜる。

Memo

シロップは冷えてからキウイと混ぜないと、変色する場合があるので要注意。
食べる直前にフードプロセッサーで混ぜると、滑らかな口当たりになります。

キウイとマンゴーの
ヨーグルトバーク

ヨーグルトが主体の、軽いアイス。
普通のアイスクリームと比べると、カロリーは半分以下です。
カラフル＆ポップで、SNS映えしそう。

材料（18cmの正方形バット1台分）

＊バットにオーブンシートを敷いておく。

キウイのはちみつ漬け …50g

※材料と作り方→p.14

マンゴー …1/4個

水切りヨーグルト …200g

※プレーンヨーグルト400g使用。

はちみつ …20g

キウイジャム …40g

※材料と作り方→p.20

はちみつ …適量

作り方

1 キウイのはちみつ漬けは、キッチンペーパーで汁気を取る。マンゴーは縦に3mm幅に切る。

2 ボウルにざるをのせてキッチンペーパーを敷き、プレーンヨーグルト（400g）を入れ冷蔵庫で1〜2時間ほどおき、半量（200g）になるまで水を切り、水切りヨーグルトを作る。

3 別のボウルに2の水切りヨーグルトを入れ、はちみつ（20g）を加え、ゴムベラで混ぜる。

4 バットに3を入れて平らにし、1のキウイのはちみつ漬け、マンゴー、キウイジャムを散らし、冷凍庫で4時間ほど冷やし固める。

5 包丁でランダムに切り、器に盛り、はちみつをスプーンで斜めにかける（→a）。

a

キウイとアボカドの
アイスクリーム

キウイにアボカドを加え、濃厚でねっとりした舌ざわりの
個性的なアイスクリームです。

材料（4人分）

アングレーズソース
卵黄 …40g
グラニュー糖 …40g
牛乳 …150g
はちみつ …30g

アイスクリーム
アボカド …150g
レモン汁 …15g
キウイ（グリーン）…100g（1個）

仕上げ
キウイ（グリーン）…1/2個（1cm角に切る）
はちみつ …適量

a

作り方

アングレーズソース
1 ボウルに、卵黄とグラニュー糖を入れ、泡
　立て器で白っぽくなるまで3分ほどすり
　混ぜる。
2 鍋に牛乳とはちみつを入れ、軽く沸騰す
　るまで火にかける。
3 1のボウルに2を3回に分けて入れ、泡
　立て器で混ぜる。
4 2の鍋に3を戻し、ゴムベラに持ち替え、
　中火にかけて混ぜる。ゴムベラに指先
　で線が描けるくらいになるまで温める
　（→a）。
5 ボウルを氷水に当て、4を入れて泡立て
　器で冷えるまで混ぜ続ける。

アイスクリーム
1 フードプロセッサーにアボカド、レモン汁
　を入れて混ぜ、アングレーズソースを加え
　てさらに混ぜ、ボウルに移す。
2 キウイは芯を取り除いて皮をむき、1cm角
　に切る。1に入れ、ゴムベラでさっくり混
　ぜ合わせる。
3 バットに2を入れ、冷凍庫で4時間ほど
　冷やし固める。

仕上げ
器にアイスクリームディッシャーでアイスク
リームを盛り、キウイを添え、はちみつをか
ける。

キウイとバジルのソルベ

爽やかなグリーンキウイに、
パンチの効いたバジルの香りをプラス。
ひと口だけで、緑の風が吹きぬけるようなソルベです。

材料（4人分）

シロップ
- グラニュー糖 …60g
- 水飴 …30g
- 水 …120g

キウイ（グリーン）…200g（2個）
バジルの葉 …10枚
ライム果汁 …10g
飾り用キウイ（グリーン）…1個
飾り用バジルの葉 …適量

作り方

1 鍋にグラニュー糖、水飴、水を入れて沸騰させ、シロップを作る。
冷蔵庫で冷やす。

2 フードプロセッサーまたは包丁で細かく刻んだキウイ、ライム果汁、
みじん切りにしたバジルの葉をボウルに入れ、**1**のシロップ（120g分）
を加えて混ぜる。

3 バットに**2**のソルベ液を入れ、冷凍庫で4時間ほど冷やし固める。
途中で2〜3回、フォークでほぐして混ぜる。

4 皿に5mm角に切った飾り用キウイを丸く広げ、大きなスプーンで**3**
のソルベをすくってのせ、飾り用バジルの葉を添える。

Memo

シロップは冷えてからキウイと混ぜないと、変色する場合があるので要注意。
ソルベは食べる直前に、フードプロセッサーで混ぜると、舌ざわりが滑らかになります。

ココナッツミルクとキウイの
アイスバー

材料を型に入れ、冷凍庫で凍らせるだけで、
おいしいアイスバーが簡単にできます。
キウイはグリーンとゴールドの2種使い。
ココナッツミルクを加えた、濃い味わいです。

材料（アイスキャンディーメーカー型1台/6本分）

キウイ（グリーン、ゴールド）…各1個
牛乳 …200g
生クリーム …100g
ココナッツミルク …100g
練乳 …100g

作り方

1 キウイは芯を取り除いて皮をむく。キウイ（グリーン）は5mm厚さの
  輪切り、キウイ（ゴールド）は1cm角に切る。
2 ボウルに牛乳、生クリーム、ココナッツミルク、練乳を入れて泡立て
  器で混ぜる。
3 型の内側に1のキウイをランダムに貼りつけ、2の液体を入れる。
  冷凍庫で4時間ほど冷やし固める。

※アイスバーを型から引き出すときには、型ごとぬるめのお湯にほんの少し浸けるのがコツです。

Memo

熟した果肉を使った、コクのある
ココナッツミルクです。ココナッ
ツ100%で作られており、添加物
（漂白剤、乳化剤、酸化防止剤）
不使用。

キウイ羊羹

キウイと羊羹の、意外な組み合わせ。
羊羹に生のキウイを入れると水っぽくなりますが、
セミドライを入れると、
ちょうどいい具合にキウイに水分が戻ります。

材料（縦17×横14×高さ5㎝の寒天流し型1台分）
＊型は水で濡らしておく。

キウイのセミドライ（グリーン）…10枚
※材料と作り方→p.12
水 …200g
粉寒天 …2g
きび砂糖 …20g
こしあん（市販）…300g
はちみつ …10g

作り方

1 キウイのセミドライは、半分に切る。
2 鍋に水と粉寒天を入れてゴムベラで混ぜてから、中火で沸騰させた後、弱火で2分煮る。きび砂糖も加えて溶かす。
3 こしあんを3回に分けて入れて練るように混ぜ、はちみつを一度に加えて混ぜ、さらに弱火で5分煮てとろみをつける（→a）。
4 ボウルに3の羊羹液を移して氷水に当て、ゴムベラで混ぜ、さらにとろみをつける。
5 型に4の羊羹液と、1のキウイのセミドライを交互に入れ、冷蔵庫で冷やし固める。
6 型からはずし、食べやすく切って器に盛る。

a

キウイソースのパンナコッタ

パンナコッタはイタリアのスイーツで、
パンナ（生クリーム）をコッタ（煮る）という意味です。
濃厚なパンナコッタと、さらりとしたキウイソースの、
素敵なマリアージュです。

材料（2人分）

パンナコッタ
生クリーム（泡立て用）…125g
生クリーム …125g
グラニュー糖 …30g
バニラエッセンス …5滴
┌ 粉ゼラチン …5g
└ 冷水 …25g
＊粉ゼラチンは冷水（25g）につけ、ふやかしておく。

仕上げ
キウイソース …100g
※材料と作り方→p.18
＊キウイソースは冷蔵庫で冷やしておく。
キウイ（グリーン）…1/2個
ミントの葉 …適量

作り方

パンナコッタ
1 ボウルを氷水に当て、生クリーム（泡立て用）を入れ、泡立て器で7分立てにし、冷蔵庫で冷やす。
2 鍋に生クリーム、グラニュー糖、バニラエッセンスを入れ、中火にかけて軽く沸騰させる。
3 2を火からおろし、ふやかした粉ゼラチンを入れて溶かし、ボウルに移す（溶けない場合は、ふたたび火にかけ溶かす）。
4 3のボウルを氷水に当て、冷えるまでゴムベラで直線を描くように混ぜる。
5 1の生クリームに4を3回に分けて加え、そのつど泡立て器で下からすくうように混ぜる。
6 器に5を入れ、冷蔵庫で半日、冷やし固める。

仕上げ
キウイソースを加え、1cm角に切ったキウイをのせ、ミントの葉を飾る。

キウイのセミフレッド

半分（セミ）冷たい（フレッド）という意味の
イタリア発祥の人気スイーツ。
アイスクリームとケーキの中間のようなものです。
甘酸っぱいキウイに、
パリパリした食感のスイートチョコレートがアクセントに。

材料

（縦17.5×横8×高さ6cmのパウンドケーキ型1台分）

＊型にラップを敷いておく。

卵黄 …40g
グラニュー糖 …40g
卵白 …60g
グラニュー糖 …30g
生クリーム …100g
チョコレート（スイート）…50g
キウイ（グリーン）…1個

＊チョコレートは粗く刻んでおく。
＊キウイは芯を取り除いて皮をむき、1cm角に切っておく。

飾り用キウイ（グリーン）…1個

Memo

キウイのセミフレッドは冷凍庫から出してすぐに切ると、カットしやすくなります。

作り方

1 ボウルに卵黄とグラニュー糖（40g）を入れ、ハンドミキサーで白っぽくなるまで3分ほど混ぜる。

2 別のボウルに卵白を入れ、ハンドミキサーで7分立てにし、3回に分けてグラニュー糖（30g）を加えながら混ぜ、固いメレンゲを作る。

3 ボウルを氷水に当て、生クリームを入れ、ハンドミキサーで8分立てにする。

4 1のボウルに、3の生クリームを2回に分けて加えながら泡立て器でさっくり混ぜる。2のメレンゲも3回に分けて加え、1度目は泡立て器で（→a）、2、3度目はゴムベラでさっくり混ぜる（→b）。

5 チョコレートとキウイを加え、泡が潰れないようにさっくり混ぜる。

6 型に5を入れ、冷凍庫で半日、冷やし固める。

7 型からはずして切り、器に盛る。飾り用キウイを1cm角に切って添える。

キウイのパフェ

冷たいキウイスイーツの集大成です。
キウイの多彩な味わいを、
グラスの中に、バランスよく盛り込みました。
シックな色合いの、大人のパフェです。

材料（2人分）

キウイソース …50g
※材料と作り方→p.18

キウイ（ゴールド）…1/4個（くし形切りにし、さらに横半分に切る）

クレームダンジュ …100g
※材料と作り方 →p.31

グラノーラ …50g

キウイの白ワインゼリー …100g
※材料と作り方→p.31

キウイとアボカドのアイスクリーム …100g
※材料と作り方→p.37

キウイとバジルのソルベ …100g
※材料と作り方→p.39

キウイ（グリーン）…1/4個（くし形切り）

作り方

グラスの底にキウイソースを入れ、順に上へ材料を重ねていき、最後
にキウイのくし形切りを添える。

キウイフルーツの種類

この本のレシピでは、入手しやすいグリーンキウイと、
ゴールドキウイの2種類を使っています。
このほかに、普段あまり目にすることのない、変わった品種も
いくつかあります。それぞれのキウイフルーツの特徴を紹介しましょう。

グリーンキウイ

もっともポピュラーなキウイフルーツで、
ヘイワード種と呼ばれる。果肉は緑色で、
中心が白い。未熟なものは酸味が強く、
熟してくると甘みが増す。

ゴールドキウイ

グリーンキウイより小ぶりで、産毛が少な
くツルツルして、先端が尖っている。果
肉は黄色で、酸味が少なく、糖度が高い。

レッドキウイ

珍しい品種で、生産量はごくわずか。小
ぶりで、産毛がほとんどない。果肉は黄
緑色で、種がある部分は赤く、中心は白
い。甘みが強い。タンパク質分解酵素（ア
クチニジン）が少ないため、生のまま使っ
てもゼリーが固まる。

アップルキウイ

りんごのような形をしている。未熟なも
のは果肉が緑色で、熟すにつれて黄色っ
ぽくなる。やや酸味が少なく、ジューシー
な味わい。

ベビーキウイ

キウイベリー、ミニキウイとも呼ばれる、
マタタビ科のサルナシ。大きさは2〜3
cmで、産毛がなくツルツルしている。果
肉は甘みが強い。

3

キウイの生菓子

華やかにキウイフルーツで飾った、
ショートケーキやタルト、チーズケーキは、
パティシエのスペシャリテ。
お土産にマカロンをプレゼントすれば、
素敵なパーティーとして、いつまでも記憶に残ります。

キウイのロールケーキ

キウイと生クリームを入れて巻き、
華やかにデコレーションしました。
巻くときは、キウイのまわりを生クリームでコーティングすると、
キウイと生クリームが密着してきれいに巻けます。

材料（28cm1本分）

ロールケーキ生地
（30×30cmの天板1枚分）

卵黄 …80g（4個分）
グラニュー糖 …20g
卵白 …90g（3個分）
グラニュー糖 …40g
薄力粉 …40g
バター（無塩）…10g
牛乳 …20g

＊薄力粉はふるっておく。
＊バターと牛乳はボウルに入れ、湯せん
　でバターを溶かし、80度ほどの状態
　を保つ。
＊天板にオーブンシートを敷いておく。
＊オーブンは200度に予熱しておく。

クリーム
生クリーム …200g
グラニュー糖 …30g

仕上げ
キウイ（グリーン）…3個
溶けない粉糖 …適量
ミントの葉 …適量

作り方

ロールケーキ生地
1 中ボウルに卵黄とグラニュー糖(20g)を
　入れ、ハンドミキサー（高速）で白っぽく
　なるまで2〜3分泡立てる。
2 別の中ボウルに卵白を入れ、ハンドミ
　キサー（高速）で7分立てにし、3回に
　分けてグラニュー糖（40g）を加えなが
　ら混ぜ、固いメレンゲを作る。
3 1のボウルに、2のメレンゲ(1/3量)を加
　え、ゴムベラで泡を潰さないように、下
　からすくい上げるように混ぜる。
4 薄力粉は3回に分けて加え、しっかり
　手ごたえがあるまですくい上げるよう
　に混ぜる。
5 2の残りのメレンゲ(2/3量)を2回に分け
　て加えながら、白いメレンゲの筋がなく
　なるまですくい上げるように混ぜる。
6 溶かしたバターと牛乳を加え、ツヤが
　出るまで5と同様の混ぜ方で20回ほど
　混ぜ、天板に入れ、カードで広げる。

※カードで四隅まで生地を広げ、メレンゲを潰さないようにする。

7 予熱した180度のオーブンで13分焼く。

※途中で天板の方向を変え、均一に焼き上がるようにする。
※表面が薄い茶色に色づき、弾力のある生地になったらOK。

8 7の焼き上がったスポンジ生地を網に
　のせ、オーブンシートをつけたまま冷ます。

クリーム
ボウルを氷水に当て、生クリームとグラ
ニュー糖を入れ、ハンドミキサーで7分
立てにする。

仕上げ
1 キウイは芯を取り除いて皮をむき、1cm
　厚さの輪切りにし、さらに4等分のい
　ちょう切りにする。飾り用に少し残し
　ておく。
2 ロールケーキ生地はオーブンシートを
　はがし、新たなオーブンシートに生地
　をのせる。
3 ロールケーキ生地の内側に、巻きやす
　くするために包丁で薄く横に10本ほ
　ど線を入れ、クリーム(1/2量)を広げ、
　1のキウイを3列に並べ、クリーム(1/4
　量)でコーティングする（→a）。手前か
　ら奥へ巻いていく（→b〜d）。オーブ
　ンシートを浮かせながら、最後まできっ
　ちり巻き（→e）、重なった生地を切る。
4 器に3のロールケーキを盛り、溶けない
　粉糖をふる。絞り袋に星口金（1cm/8ツ
　切り）をつけ、残りのクリーム(1/4量)を
　入れて絞り、キウイとミントの葉を飾る。

a

b

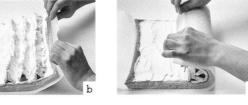
c

d

e

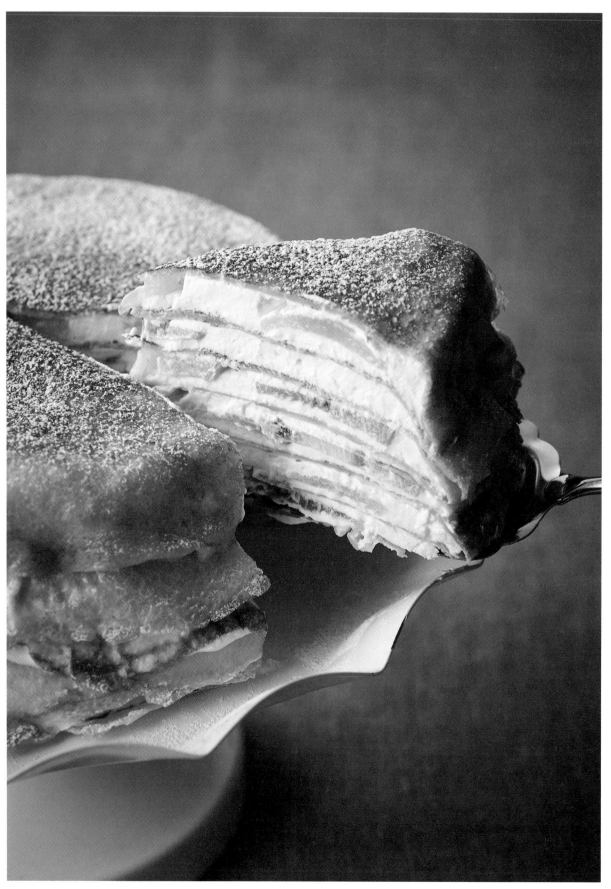

キウイのミルクレープ

クレープ生地とクリームを、何重にも重ねたケーキ。
東京・西麻布のショップが発祥といわれます。
グリーンとゴールドのキウイを交互にはさみ、
断面の色合いも楽しんで。

材料（直径約15cm1台分）

クレープ生地（10枚分）
全卵 …100g（2個分）
グラニュー糖 …50g
薄力粉 …95g
牛乳 …315g
＊薄力粉はふるっておく。

クリーム
生クリーム …300g
マスカルポーネ …300g
グラニュー糖 …90g

仕上げ
キウイ（グリーン、ゴールド）…各2個
溶けない粉糖 …適量

Memo
ここでは7枚使いますがクレープ生地は破れやすいので、多めに焼いておくことをおすすめします。

作り方

クレープ生地
1 ボウルに全卵を割りほぐし、グラニュー糖、薄力粉の順に3回ずつに分けて加えて泡立て器で混ぜ、牛乳は5回に分けて加え、生地が馴染むまで冷蔵庫で1時間以上寝かせる。

2 直径15cmほどのフライパンに油（適量/分量外）を薄く敷いて中火で熱し、**1**のクレープ生地（お玉1杯分）を直径15cmに広げ、両面焼き色がつくまで焼く。これを7枚作り、常温で冷ます。

クリーム
ボウルを氷水に当て、生クリーム、マスカルポーネ、グラニュー糖を入れ、ハンドミキサーで7分立てにする。

仕上げ
1 キウイは芯を取り除いて皮をむき、5mm厚さの輪切りにする。

2 クレープ生地を1枚敷き、クリーム（50g）を広げてキウイをのせ、クリーム（30g）をキウイの上にのせてのばす。これを6回繰り返し、最後にクレープ生地をのせる。
※キウイは、グリーンとゴールドを交互にはさむときれい。

3 器に**2**を盛り、溶けない粉糖をふる。

キウイのチーズタルト

濃厚なチーズタルトに、
おしゃれなキウイの花を咲かせました。
サーブする直前にキウイを飾ると、
フレッシュな味わいが楽しめます。

材料（直径15cmのタルト型1台分）

タルト生地
バター（無塩）… 50g
バニラエッセンス … 5滴
塩 … 1つまみ
粉糖 … 35g
全卵 … 20g
アーモンドパウダー … 15g
薄力粉 … 85g
＊バターと全卵は常温に戻し、
　粉糖と薄力粉はそれぞれふるっておく。
＊オーブンは190度に予熱しておく。

クリームチーズのフィリング
クリームチーズ … 100g
グラニュー糖 … 50g
全卵 … 50g（1個）
レモン汁 … 5g
薄力粉 … 12g
生クリーム … 75g
＊クリームチーズと全卵は、常温に戻しておく。
＊オーブンは180度に予熱しておく。

仕上げ
キウイ（グリーン）… 4個
ミントの葉 … 適量
溶けない粉糖 … 適量

作り方

タルト生地
1 ボウルにバター、バニラエッセンス、塩を入れ、ゴムベラで滑らかになるまで生地を押さえるように混ぜ、粉糖を2回に分けて入れながら混ぜる。
2 1のボウルに、溶いた全卵を3回に分けて入れながらそのつどツヤがでるまで混ぜる。アーモンドパウダーは一度に加えて混ぜる。
3 薄力粉は5回に分けて加え、さっくり混ぜる。生地をまとめて、冷蔵庫で24時間寝かせる。
4 3のタルト生地を麺棒で3mmの厚さに丸くのばし、タルト型に敷いてオーブンシートをのせた上に重しをのせる。予熱した170度のオーブンで15分焼き、重しとオーブンシートをはずしてさらに5分焼き、生地の内側が薄い茶色に色づくまで焼き、網にのせて冷ます。

クリームチーズのフィリング
1 ボウルにクリームチーズを入れ、泡立て器で滑らかになるまで混ぜ、グラニュー糖、全卵、レモン汁、薄力粉、生クリームの順に加え混ぜる。
2 タルト生地に、1を9分目まで入れ、予熱した160度のオーブンで40分焼く。

仕上げ
1 キウイは芯を取り除いて皮をむき、大きいバラ5個、小さいバラ7個を作り（→p.9）、タルトにのせ、ミントの葉を散らす。
2 タルトのふちに、溶けない粉糖をふる。

キウイとヨーグルトの
スコップケーキ

ジェノワーズ生地と、ヨーグルト入りのクリームを重ね、
キウイなどのフルーツを彩りよく飾りました。
スプーンで、好きなだけすくってどうぞ。

材料
(12×20cmのホーロー容器1台分)

ジェノワーズ生地
(30×30cmの天板1枚分)

全卵 …150g(3個分)
グラニュー糖 … 90g
薄力粉 … 90g
バター(無塩) …20g
牛乳 …20g

＊全卵は常温に戻し、薄力粉はふるっておく。
＊バターと牛乳はボウルに入れ、湯せんでバターを溶かし、80度ほどの状態を保つ。
＊天板にオーブンシートを敷いておく。
＊オーブンは200度に予熱しておく。

シロップ
水 … 50g
グラニュー糖 … 50g

クリーム
水切りヨーグルト …200g
※プレーンヨーグルト400g使用。
生クリーム …200g
グラニュー糖 …60g

仕上げ
キウイ(グリーン、ゴールド) …各1個
いちご …3個
ブルーベリー …5粒
ミントの葉 …適量

作り方

ジェノワーズ生地
1 ボウルに全卵を割りほぐし、グラニュー糖を加え、泡立て器でざっと混ぜる。湯せんにかけて人肌程度(約35度)に温め、グラニュー糖を溶かす。
2 湯せんからはずし、ハンドミキサー(高速)で、大きな円を描くようにして5分ほど泡立てる(生地を持ち上げると羽根に一瞬こもり、落ちた生地がすぐには消えない程度の固さにする)。
3 さらにハンドミキサー(低速)で、2分ほど泡立て、生地のきめを整える。
4 薄力粉を2回に分けて加えて、そのつどゴムベラでボウルの底からすくうようにして20回ずつ混ぜる。
5 溶かしたバターと牛乳を一度に加え、ボウルの底からすくうようにして30回ほど混ぜる(バターの筋がなくなるまで)。
6 天板に5を入れ、カードで広げる(カードは45度に傾け、生地が山になっているところからならす)。
7 予熱した180度のオーブンで12分焼く(生地を押してみて弾力があればOK)。
8 天板からオーブンシートごとはずし、網にのせて完全に冷ます。生地が冷めたら袋や紙をかぶせ、乾燥しないようにする。

シロップ
鍋に、水とグラニュー糖を入れて沸騰させ、耐熱容器に入れて冷ます。

クリーム
1 ボウルにざるをのせてキッチンペーパーを敷き、プレーンヨーグルト(400g)を入れ、冷蔵庫で1〜2時間ほどおき、半量(200g)になるまで水を切り、水切りヨーグルトを作る。
2 ボウルを氷水に当て、生クリームとグラニュー糖を入れ、泡立て器で7分立てにする。
3 2の生クリームに、1の水切りヨーグルトを2回に分けて入れながらさっくり混ぜる。

仕上げ
1 ホーロー容器の大きさに合わせて、ジェノワーズ生地を2枚切り、刷毛で生地の両面にシロップを打つ。
2 キウイは芯を取り除いて皮をむき、3mm厚さの輪切りにする。いちごはヘタを取り、3mm厚さの輪切りにする。
3 ホーロー容器に、1のジェノワーズ生地、クリーム、2のキウイを交互に2回ずつ入れ、冷蔵庫で30分冷やす。
4 3に、2のいちご、ブルーベリーをのせ、ミントの葉を散らす。

キウイのパブロバ

オーストラリアやニュージーランドが発祥。
バターも小麦粉も使わないスイーツとして人気です。
サクッとしたメレンゲに、生クリームとキウイなどをのせて。

材料（直径6cmのメレンゲ8個分）

メレンゲ
卵白 … 60g（2個分）
グラニュー糖 …60g
レモン汁 …5g
粉糖 …70g
＊卵白は冷やしておく。
＊粉糖はふるっておく。
＊天板にオーブンシートを敷いておく。
＊オーブンは100度に予熱しておく。

クリーム
生クリーム … 100g
グラニュー糖 … 15g

仕上げ
パッションフルーツ …1個
キウイのはちみつ漬け …100g
※材料と作り方→p.14

Memo
メレンゲは固く泡立て、さっくり混ぜるのがポイント。
クリームをトッピングしたら早めに食べましょう。
メレンゲは湿気やすいので、冷めたら乾燥剤を入れ
た密閉容器に入れます（常温保存1カ月）。

作り方

メレンゲ
1 ボウルに卵白を入れ、ハンドミキサー
（高速）で混ぜたときに跡がつくまで泡立
てる。グラニュー糖を3回に分けて加え
て混ぜ、レモン汁を加えてさらに混ぜる。
ハンドミキサーに泡がこもって角が立つ
まで泡立てる（→a）。
2 1に粉糖を一度に入れ、ゴムベラで下か
らすくうようにさっくり混ぜる（→b）。
3 天板の上に、2をスプーンですくって直径
6cmの大きさに丸くのばす。これを8個
作る。
4 予熱した100度のオーブンで120分乾燥
させ、サクッと割れたらオーブンから取
り出し、網にのせて冷ます。

クリーム
ボウルを氷水に当て、生クリームとグラ
ニュー糖を入れ、ハンドミキサーで7分立
てにする。

仕上げ
メレンゲにクリームをスプーンでのせ、ス
プーンで中身を取り出したパッションフ
ルーツ、いちょう切りにしたキウイのはちみ
つ漬けをのせる。

a

b

キウイのレアチーズケーキ

ケーキの側面の飾りが、キウイならではの演出。
あっさりしたレアチーズケーキは、
甘酸っぱいキウイの風味が引き立ちます。

材料（直径15cmセルクル型1台分）

クッキー生地
グラハムビスケット …10枚（約70g）
溶かしバター（無塩）…40g
キウイ（グリーン）…2mm厚さの半月
　　切り10枚（1/2個分）

レアチーズケーキ
生クリーム …150g
クリームチーズ …200g
グラニュー糖 …70g
プレーンヨーグルト …100g
レモン汁 … 5g
┌ 粉ゼラチン …5g
└ 冷水 … 25g
＊粉ゼラチンは冷水でふやかしておく。
＊クリームチーズは、常温に戻しておく。

仕上げ
キウイ（グリーン）…1個
はちみつ …適量

作り方

クッキー生地
1 ジッパーつき保存袋にビスケットを入れ、
麺棒などでたたいて粉々にし、溶かしバ
ターを加えてもみ込み、型の底の部分に
敷き込む。
2 型の内側の側面に、キウイを貼りつける。

レアチーズケーキ
1 ボウルを氷水に当て、生クリームを入れて
ハンドミキサーで7分立てにし、冷蔵庫
で冷やす。
2 別のボウルにクリームチーズを入れて泡
立て器ですり混ぜ、グラニュー糖を2回
に分けて加えて混ぜる。
3 2のボウルにプレーンヨーグルト、レモン
汁も加えて混ぜ、電子レンジ（600W）で30
秒ほど加熱して溶かしたゼラチンを加え
て混ぜる。
4 ゴムベラに持ち替え、1の生クリームを3
回に分けて加え、切るように混ぜる。型
に入れ、冷蔵庫で半日ほど冷やし固める。

仕上げ
1 蒸しタオルで型のまわりを温め、セルクル
をはずし、器に盛る。
2 キウイはくし形切りをさらに横半分に切
り、1のレアチーズケーキにのせ、はちみ
つをかける。

キウイのショートケーキ

天板で生地を焼けば、
わずか12分で焼き上がります。
手軽にショートケーキ作りを楽しんで。

材料（縦20×横14cm 1台分）

ジェノワーズ生地
（縦30×横30cmの天板1枚分）

全卵 …3個（約150g）
グラニュー糖 … 90g
薄力粉 … 90g
バター（無塩）…20g
牛乳 …20g

＊全卵は常温に戻し、薄力粉はふるっておく。
＊バターと牛乳はボウルに入れ、湯せんでバターを溶かし、80度ほどの状態を保つ。
＊オーブンの天板にオーブンシートを敷いておく。
＊オーブンは200度に予熱しておく。

シロップ
水 … 50g
グラニュー糖 … 50g

クリーム
生クリーム …300g
グラニュー糖 …45g

仕上げ
キウイのはちみつ漬け
　…300g
※材料と作り方→p.14

作り方

ジェノワーズ生地

1 ボウルに全卵を入れて割りほぐし、グラニュー糖を加え、泡立て器でざっと混ぜる。湯せんにかけて人肌程度（約35度）に温め、グラニュー糖を溶かす。

2 湯せんからはずし、ハンドミキサー（高速）で、大きな円を描くようにして5分ほど泡立てる（生地を持ち上げると羽根に一瞬こもり、落ちた生地がすぐには消えない程度の固さにする）。

3 さらにハンドミキサーの低速で、2分ほど泡立て、生地のきめを整える。

4 薄力粉を2回に分けて加えて、そのつどゴムベラでボウルの底からすくうようにして20回ずつ混ぜる。

5 溶かしたバターと牛乳を一度に加え、ボウルの底からすくうようにして30回ほど混ぜる（バターの筋がなくなるまで）。

6 天板に5を入れ、カードで広げる（カードは45度に傾け、生地が山になっているところからならす）。

7 予熱した180度のオーブンで12分焼く（生地を押してみて弾力があればOK）。

8 天板からオーブンシートごとはずし、網にのせて完全に冷ます。生地が冷めたら袋や紙をかぶせ、乾燥しないようにする。

シロップ

鍋に、水とグラニュー糖を入れて沸騰させ、耐熱容器に入れて冷ます。

クリーム

ボウルを氷水に当て、生クリームとグラニュー糖を入れ、ハンドミキサーで7分立てにする。

仕上げ

1 キウイのはちみつ漬けは、キッチンペーパーで水気をふきとる。

2 ジェノワーズ生地は半分に切り、さらに縦28cmの部分を8cm切り落とし、20×14cmの生地を2枚作る（→a）。

3 生地1枚にシロップを打ち、クリーム（1/3量）を広げる。1のキウイのはちみつ漬けを並べ、その上にクリーム（1/3量）を広げる。

4 もう1枚の生地は両面にシロップを打ち、3に重ね、クリーム（1/3量）を広げ、キウイが重なるように並べる。冷蔵庫で冷やし、4辺を切って整える。

キウイ大福

切り餅を電子レンジにかけるだけで、
大福の皮が簡単に作れます。
キウイの爽やかな酸味と、こしあんの甘みが、
絶妙なマッチングです。

材料（4個分）

切り餅 …4個
グラニュー糖 …20g
水 …60g

片栗粉 …適量
キウイ（グリーン）…1個
こしあん（市販）…100g

作り方

1 耐熱容器に1cm角に切った切り餅を入れ、水（分量外）をひたひたに
　加え、電子レンジ（600W）で3分加熱する。
2 1の水をきり、グラニュー糖と水を加え、電子レンジ（600W）でさらに
　30秒加熱する。ゴムベラでよく混ぜて滑らかにし、耳たぶくらいの
　固さにする。
3 バットに片栗粉を広げて2を入れ、4等分にする。
4 キウイは芯を取り除いて皮をむき、縦半分に切り、さらに横半分に
　切る。こしあん（1/4量）で包み、3の餅で包む。これを4個作る。

キウイのマカロン

キウイジャム入りのバタークリームと、
キウイの白ワインコンポートを贅沢にサンド。
鮮やかなグリーンが、ひときわ目をひきます。
プレゼントにも最適です。

材料（直径4cm12個分）

マカロン生地
アーモンドパウダー …100g
粉糖 …100g
卵白（A）…40g
色粉（緑）…適量
グラニュー糖 …100g
水…30g
卵白（B）…40g
＊アーモンドパウダーと粉糖は合わせてふるっておく。
＊紙に直径3.5cmの円を描いて天板にのせ、オーブンシートをのせる。
＊オーブンは160度に予熱しておく。

バタークリーム
バター（無塩）…100g
キウイジャム …30g
※材料と作り方→p.20
粉糖 …30g
＊バターは常温に戻しておく。

仕上げ
キウイの白ワインコンポート …50g
※材料と作り方→p.16

a

作り方

マカロン生地
1 ボウルにアーモンドパウダー、粉糖を入れ、卵白（A）、色粉を加え、カードで均一になるまで混ぜる。
2 小鍋にグラニュー糖と水を入れ、中火で熱してシロップを作る。シロップが100度になったら、別の中ボウルに卵白（B）を入れ、ハンドミキサーで泡立てはじめる。
3 2のシロップが121度になったら、2の卵白のボウルに糸を垂らすように加え、ハンドミキサー（高速）で1分ほど泡立て、イタリアンメレンゲを作る。
4 1のボウルに、3のイタリアンメレンゲ（1/3量）を加え、カードで下からすくうように混ぜる。残りのメレンゲ（2/3量）を2回に分けて加え、下からすくうように混ぜたら、リボン状にたれるようになるまでカードで泡をつぶす。
5 絞り袋に丸口金（1cm）をつけ、4の生地を入れ、紙に描いた直径3.5cmの円に合わせて丸く絞り、30分乾燥させる。
※表面をさわっても、生地がついてこないくらいまで乾燥させる。
6 予熱した160度のオーブンで13分焼き、網にのせて冷ます。
※マカロンの裏面が、きれいにはがれるまで焼く。

バタークリーム
ボウルにバター（ポマード状になったもの）を入れてハンドミキサーで混ぜ、キウイジャムと粉糖を加えてさらに混ぜる。

仕上げ
1 絞り袋に星口金（1cm /8ッ切り）をつけ、バタークリームを入れ、マカロン生地の片側に、円を描くように絞る（→a）。
2 キウイの白ワインコンポートはキッチンペーパーで水気を取り、5mm角に切る。もう1枚のマカロン生地の真ん中の空いたところにキウイの白ワインコンポートをスプーンで落とし込み、1のマカロンではさむ。

キウイフルーツの栄養の話

キウイフルーツ1個の中には、
さまざまな栄養素がギッシリ詰まっています。
美容と健康のために、キウイフルーツを食べましょう。

美と健康を守る
ビタミンC

ゴールドキウイ1個には、レモン約7個分のビタミンCが含まれているといわれています。ビタミンCは加熱すると損なわれてしまうため、効果的に摂りたい場合は、生食をおすすめします。

腸内環境を整える
食物繊維

グリーンキウイ1個には、バナナ約4本分の食物繊維が含まれているといわれています。しかも、働きの異なる不溶性と水溶性、両方の食物繊維が豊富に含まれています。

余分な塩分を排出する
カリウム

過剰に塩分を摂ると、体がむくんだり、高血圧の引き金になることがあります。グリーンキウイ1個に含まれるカリウム量は、フルーツの中でもトップクラスです。

抗酸化作用がある
ビタミンE

ゴールドキウイ1個には、もも約7個分のビタミンEが含まれているといわれています。ビタミンEは加熱しても損なわれにくく、ビタミンCと一緒に摂れば、相乗効果で抗酸化力がアップします。

さまざまな効果がある
微量の栄養素

キウイフルーツ1個には、消化を助ける「アクチニジン」、抗酸化作用がある「ポリフェノール」、疲労回復や貧血予防になる「有機酸」、これら有用な栄養素が含まれています。

資料：『七訂 食品成分表2020』女子栄養大学出版部

4

キウイの焼き菓子

キウイフルーツをふんだんに使った、
パイ、パウンドケーキ、カップケーキ、
フィナンシェ、パンケーキなど、焼き菓子の登場です。
キウイフルーツは、焼くと風味と甘みが凝縮され、
深い味わいが生まれます。
トッピングにもキウイフルーツを使って、
色鮮やかに作りました。

キウイのヴィクトリアケーキ

ヴィクトリア女王が愛した、イギリス発祥のケーキ。
本国では、とてもポピュラーなスイーツです。
バター風味のシンプルな味わいに、キウイジャムと
クリームチーズをはさみ、トッピングに生のキウイをのせました。

材料（直径15cmのケーキ型1台分）

バターケーキ生地
バター（無塩）…100g
粉糖 …135g
全卵 …135g
生クリーム…35g
◆ 薄力粉 …90g
◆ コーンスターチ …45g
◆ ベーキングパウダー …4g

＊バターと全卵は、常温に戻しておく。
＊粉糖はふるっておく。
＊粉類◆は合わせてふるっておく。
＊生クリームと全卵は合わせておく。
＊オーブンは190度に予熱しておく。
＊型に刷毛でバター（分量外）を塗り、強力粉（分量
　外）をはたいておく。

クリーム
クリームチーズ …150g
バニラエッセンス …5滴
粉糖 …45g
バター（無塩）…45g

＊すべての材料を常温に戻しておく。
＊粉糖はふるっておく。

仕上げ
キウイ（グリーン）…1/2個
キウイジャム …100g

※材料と作り方→p.20

溶けない粉糖 …適量

作り方

バターケーキ生地

1 ボウルにバターを入れ、ハンドミキサー（高速）で3分間泡立てる。粉糖を3回に分けて入れ、空気を入れるようにそのつどよく混ぜる。

2 1のボウルに、全卵と生クリーム（2/3量）を4回に分けて少しずつ加え、そのつどツヤが出るまでハンドミキサーで混ぜる。途中で粉類◆（1/3量）を加えて混ぜ、残りの液体（1/3量）を2回に分けて入れて混ぜる。

3 残りの粉類◆（2/3量）を3回に分けて加え、ゴムベラに持ち替えて下からすくうように、20回ずつツヤが出るまで混ぜる。

4 型に3を入れ、予熱した170度のオーブンで45分焼く。串を刺してみて、串に生地がついてこない状態で、弾力があればOK。型からはずし、網にのせて冷ます。

5 粗熱が取れたら、横に2枚に切る。

クリーム

ボウルにクリームチーズとバニラエッセンスを入れ、ハンドミキサーで滑らかにしたら、粉糖、バターの順に加えて混ぜる。

仕上げ

1 キウイはくし形に切り、さらに横半分に切る。

2 バターケーキ（1枚）の内側にクリームを塗って広げ、さらにキウイジャムを重ねて塗って広げ、バターケーキ（1枚）ではさむ。

3 溶けない粉糖をふり、クリームと1のキウイをのせる。

キウイとパイナップルのパイ

キウイ、パイナップル、オレンジ、
甘酸っぱいフルーツが勢ぞろい。
彩り鮮やかに、パイのボックスに盛り込みました。

材料（縦16×横16cmのパイ1台分）

パイ生地
パイシート（冷凍/150g）…1枚
全卵…1個（塗り卵用）
＊全卵は溶いておく。
＊オーブンは210度に予熱しておく。

アーモンドクリーム
バター（無塩）… 30g
グラニュー糖 …30g
全卵 …30g
アーモンドパウダー …30g
＊すべての材料を、常温に戻しておく。

仕上げ
キウイ（グリーン）…1個
パイナップル …1/4個
オレンジ …1/2個
ミントの葉 …適量
溶けない粉糖 …適量

作り方

パイ生地
1 パイシートの外側を2cm幅に切り落とし、帯にする。パイシートの土台のふちに溶いた全卵を塗り、2cm幅の帯をのせ、帯の上にさらに全卵を塗り、フォークで跡をつける。
2 1のパイシートの土台にフォークで穴を開け、オーブンシートを敷き、重しをのせる。
3 予熱した190度のオーブンで20分空焼きし、網にのせて冷ます。

アーモンドクリーム
ボウルにバターを入れ、ハンドミキサーで滑らかになるまで混ぜる。グラニュー糖、全卵、アーモンドパウダーの順に、すべて3回ずつ分けて加えて混ぜる。

仕上げ
1 空焼きしたパイ生地に、アーモンドクリームを広げ、予熱した190度のオーブンでさらに20分焼き、冷ます。
2 キウイは芯を取り除いて皮をむき、5mm厚さの輪切りにし、さらに4等分のいちょう切りにする。パイナップル、オレンジもキウイと同じ大きさに切る。
3 1のパイ生地に2のフルーツをすべて入れ、ミントの葉を散らす。パイ生地のふちに、溶けない粉糖をふる。

Memo
ベラミーズパイシートがおすすめ。材料はバターと小麦粉と塩だけで、マーガリンは一切使っていません。

セミドライキウイの
パウンドケーキ

セミドライキウイが下に沈まず、均一に入るには、
セミドライキウイを小さく切り、
生地と交互に3回繰り返して入れるのがポイントです。

材料（縦17.5×横8×高さ6cmのパウンドケーキ型1台分）

パウンドケーキ生地
バター（無塩）…100g
バニラエッセンス …5滴
塩 …1つまみ
グラニュー糖 …100g
全卵 …100g
アーモンドパウダー …20g
◆ 薄力粉 …80g
◆ ベーキングパウダー …4g
キウイのセミドライ（グリーン）…20g
※材料と作り方→p.12
ローストアーモンド …20g
＊バターと全卵は、室温に戻しておく。
＊粉類 ◆ は合わせてふるっておく。
＊キウイのセミドライとローストアーモンドは、粗みじん切りにしておく。
＊オーブンは190度に予熱しておく。
＊型に刷毛でバター（分量外）を塗り、強力粉（分量外）をはたいておく。

シロップ
水 …50g
グラニュー糖 …50g

キウイアイシング
粉糖 …80g
キウイ（グリーン）果汁 …15g
※キウイは横半分に切り、絞り器で果汁を絞る。

作り方

パウンドケーキ生地
1 ボウルにバター、バニラエッセンス、塩を入れ、ハンドミキサー（高速）で3分ほど滑らかになるまで混ぜる。
2 グラニュー糖を3回に分けて加えて混ぜる。溶いた全卵は10回に分けて加えてよく混ぜる。ふるったアーモンドパウダーを、一度に加えてよく混ぜる。
3 粉類 ◆ は5回に分けて加え、ゴムベラに持ち替えて下からすくうようにそのつど20回ずつ混ぜる。型に生地（1/3量）を入れ、キウイのセミドライとローストアーモンド（1/3量）を散らす。これをあと2回繰り返す。
4 型に3を入れ、予熱した170度のオーブンで、40分焼く。

シロップ
1 小鍋に水とグラニュー糖を入れ、中火で熱して溶かし、耐熱容器に入れて冷ます。
2 パウンドケーキ生地が焼けたら、熱いうちに型からはずして1のシロップを打ち、網の上で冷ます。

キウイアイシング
1 ボウルに粉糖をふるい入れ、キウイ果汁を加え、ゴムベラでツヤが出るまで混ぜる。
2 パウンドケーキの上に、スプーンで1のキウイアイシングをたらす。

キウイのパイナップルケーキ

台湾の銘菓、ボックス型のパイナップルケーキ。
ホロリとした生地に、パイナップルジャムが入ったものです。
ここでは、キウイジャムを使ってみました。

材料（縦4.7×横3.8×高さ1.6cmの長方形型7個分）

バター（無塩）…115g
バニラエッセンス …5滴
塩 … 1つまみ
グラニュー糖 …50g
全卵 …35g
◆ ミルクパウダー …15g
◆ 薄力粉 …100g
◆ 強力粉 …80g
◆ ベーキングパウダー …2g
＊バターと全卵は、常温に戻しておく。
＊粉類 ◆ は合わせてふるっておく。
＊オーブンは190度に予熱しておく。

キウイジャム…100g
※材料と作り方→p.20
※煮詰めて水分を飛ばし、冷ましておく。

作り方

1 ボウルにバター、バニラエッセンス、塩を入れ、滑らかになるまでゴムベラで押さえるように混ぜる。

2 グラニュー糖は2回に分けて加えて、混ぜる。溶いた全卵は3回に分けて加えてそのつどツヤが出るまで円を描くように混ぜる。

3 粉類◆は5回に分けて加えてさっくり混ぜ、冷蔵庫で30分冷やし、生地を作る。

4 3の生地は25gずつに分け、直径6cmの円形に麺棒でのばし、真ん中にキウイジャム（約12g）をのせ、縦と横に指でつまんで包み（→a）、生地をしっかり閉じる（→b）。

5 型に4を指先で押し込む（→c）。冷蔵庫に入れ、15分冷やす。

6 予熱した170度のオーブンで20分焼き、型からはずして網にのせて冷ます。

 a
 b
 c

キウイのカップケーキ

ケーキの中にキウイジャムを入れ、
上にのせた濃厚なクリームにもキウイジャムを混ぜ込み、
さらに、生のキウイをトッピング。
キウイづくしのカップケーキです。

材料 1個当たり(直径6.5×高さ3.5cm)
×6個のマフィン型1台分

カップケーキ生地
バター(無塩) …70g
塩 …1つまみ
バニラエッセンス …5滴
グラニュー糖 …50g
はちみつ …25g
全卵 …70g
◆ 薄力粉 …85g
◆ ベーキングパウダー …4g
牛乳 …20g
＊バターと全卵は、常温に戻しておく。
＊粉類◆は合わせてふるっておく。
＊オーブンは190度に予熱しておく。

クリーム
クリームチーズ …150g
バニラエッセンス …5滴
粉糖 …25g
バター(無塩) …45g
キウイジャム …20g
※材料と作り方→p.20
＊クリームチーズとバターは、常温に戻しておく。

仕上げ
キウイ(グリーン) …1個
キウイジャム…30g
※材料と作り方→p.20

作り方

カップケーキ生地
1 ボウルにバター、塩、バニラエッセンスを入れ、ハンドミキサー(高速)で3分混ぜる。グラニュー糖は2回に分けて入れ、はちみつを加える。溶いた全卵は5回に分けて入れ、ツヤが出るまでそのつど混ぜる。
2 ゴムベラに持ち替え、粉類◆を5回に分けて加えてさっくり混ぜ、牛乳も加えてツヤが出るまで混ぜる。
3 型にグラシンカップを入れ、7分目まで生地を入れる。予熱した170度のオーブンで20〜25分焼き、網にのせて冷ます。
※竹串を刺して、生地がついてこなければOK。

クリーム
ボウルにクリームチーズとバニラエッセンスを入れ、ハンドミキサーで滑らかになるまで混ぜる。粉糖、バター、キウイジャムの順に加え、滑らかになるまで混ぜる。

仕上げ
1 キウイは芯を取り除いて皮をむき、1cm角に切る。
2 カップケーキ生地は、スプーンで真ん中をくり抜き、キウイジャムを入れる(→a)。
3 絞り袋に星口金(1.5cm/5ッ切り)をつけ、クリームを入れてカップケーキに絞り(→b)、**1**のキウイを飾る。

キウイのフィナンシェ

焼き上がりはバターの香りとともに、
キウイの香りがふわっと立ち上ります。
ジャムをのせているので、しっとりした食感です。

材料 1個当たり(縦8.5×横4×高さ1
cm)×12個のフィナンシェ型1台分

バター(無塩) …150g
卵白 … 150g
グラニュー糖 …150g
水飴 …30g
アーモンドパウダー …60g
◆ 薄力粉 …30g
◆ 強力粉 …30g
バニラエッセンス …10滴
＊卵白は常温に戻しておく。
＊粉類 ◆ は合わせてふるっておく。
＊水飴が固い場合は湯せんで温めておく。
＊オーブンは210度に予熱しておく。
＊型に刷毛でバター(分量外)を塗り、強力粉(分量
　外)をはたいておく。
キウイジャム …50g
※材料と作り方→p.20

作り方

1 手つき鍋にバターを入れ、強火で加熱す
　る。沸騰したら火を弱め、沈殿物が深い
　茶色になったら、手つき鍋の底を30秒ほ
　ど氷水に当てて粗熱を取り、焦がしバター
　を作る。

2 ボウルに卵白を入れて泡立て器でほぐし、
　グラニュー糖と水飴を加え、ねっとりする
　まで円を描くようにすり混ぜる。

3 アーモンドパウダーを一度に加え、すり混
　ぜる。粉類 ◆ を4回に分けて加え、すり
　混ぜる。すべて加え終わったら、さらに
　20回ほどすり混ぜる。

4 1の焦がしバター(80度ほど)を4回に分け
　て加え、円を描くように混ぜる。バニラ
　エッセンスを加えてよく混ぜ、1時間ほど
　冷蔵庫で冷やす。

5 絞り袋に4のフィナンシェの生地を入れ、
　型の8分目まで入れる。

6 別の絞り袋にキウイジャムを入れ、5の生
　地の真ん中に絞る。予熱した190度の
　オーブンで15分焼く。

7 焼き上がったらすぐ型からはずし、網にの
　せて冷ます。

Memo
焼き上がりの目安は底、側面に濃い焼き色がつくまで。

リコッタチーズパンケーキの
キウイ添え

人気のリコッタチーズ。実は自宅でも簡単に作れます。
爽やかな酸味が加わって、
ふわふわしっとり、感動のパンケーキに。

材料（直径12cm6枚分）

リコッタチーズ
牛乳 …500g
生クリーム …50g
塩 …1つまみ
レモン汁 …23g

パンケーキ生地
卵黄 …2個分
牛乳 …90g
◆ 薄力粉 …80g
◆ ベーキングパウダー …2g
塩 …1つまみ
卵白 …2個分
グラニュー糖 …10g
※粉類 ◆ は合わせてふるっておく。

仕上げ
キウイ（グリーン）…2個
キウイ（ゴールド）…1個
メープルシロップ …適量

a

b

作り方

リコッタチーズ
1 大きめの鍋に、牛乳と生クリーム、塩を入れ、沸騰させる。
2 レモン汁を加えて中火で1〜3分かき混ぜて分離させたら、キッチンペーパーを敷いたざるに上げ、漉して冷ます。リコッタチーズが150gできる。

パンケーキ生地
1 ボウルに卵黄、牛乳、リコッタチーズ（150g）、粉類 ◆ 、塩の順に入れ、泡立て器で混ぜる。
2 別のボウルに卵白を入れ、ハンドミキサー（高速）で跡がつくまで泡立て、グラニュー糖を加えて角が立つまで泡立てる。
3 1のボウルに3回に分けて2を入れ、ゴムベラに持ち替え、さっくり混ぜる（→a・b）。
4 バター（分量外）を敷いて熱したフライパンにお玉1杯分の3の生地を広げ、表面が乾いてきたら裏返し、両面を焼く。

仕上げ
1 キウイは芯を取り除いて皮をむき、輪切りとくし形に切る。
2 器にパンケーキを6枚重ね、1の輪切りにしたキウイをのせ、くし形切りにしたキウイを添え、メープルシロップをかける。

キウイの焼きドーナツ

ドーナツの底面には、
キウイジャムが可愛く隠れています。
アイシングにも、キウイの果汁を入れて。

材料 1個当たり（直径7×高さ2.5cm）×
6個のドーナツ型1台分

ドーナツ生地
全卵 …50g（1個分）
グラニュー糖 …30g
はちみつ …10g
アーモンドパウダー …20g
生クリーム …15g
◆ 薄力粉 …60g
◆ ベーキングパウダー …2g
バター（無塩）…50g
キウイジャム …50g
※材料と作り方→p.20
＊バターは電子レンジで溶かしておく。
＊粉類◆は合わせてふるっておく。
＊オーブンは200度に予熱しておく。
＊型に刷毛でバター（分量外）を塗り、強力粉（分量
　外）をはたいておく。

キウイアイシング
粉糖 …80g
キウイ（グリーン）果汁 …15g
※キウイは横半分に切り、絞り器で果汁を絞る。

作り方

ドーナツ生地
1 ボウルに溶いた全卵、グラニュー糖、は
　ちみつ、アーモンドパウダー、生クリーム、
　粉類◆の順に入れ、泡立て器で混ぜる。
　さらに、溶かしバターを加えて混ぜる。
2 型に1を6等分にして入れ、キウイジャム
　を各3ヵ所に落とし入れる。
3 予熱した180度のオーブンで12分焼き、
　網にのせて冷ます。

キウイアイシング
1 ボウルに粉糖をふるい入れ、キウイ果汁
　を加え、ゴムベラでツヤが出るまで混ぜる。
2 ドーナツの上面に、1のキウイアイシング
　をつける。

Memo
粉類を入れたら、混ぜ過ぎないように。混ぜ過ぎるとパサパ
サした生地になってしまいます。

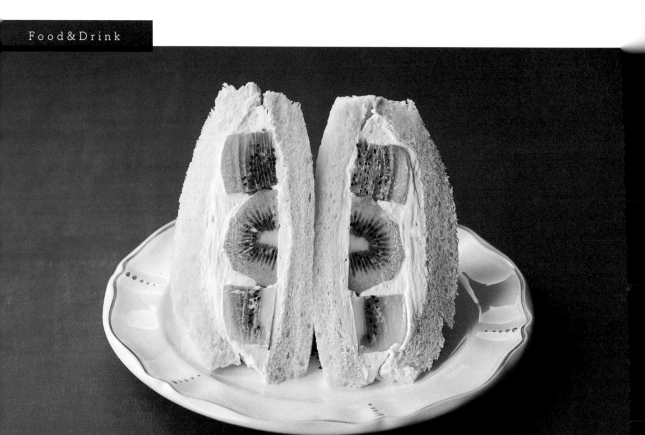

キウイのフルーツサンド

濃厚なクリームと、甘酸っぱいキウイが、相性抜群です。

材料（2人分）

キウイ（グリーン）…1個
生クリーム…50g
マスカルポーネ…50g
練乳…20g
食パン（6枚切り）…2枚

Memo

ラップをしたまま切ると、形が崩れにくいです。時間
が経つと水分が出てくるので、早めに食べましょう。

作り方

1 キウイは芯を取り除いて皮をむき、縦2等
　分に切る。その半分を、さらに横2等分
　に切る。
2 ボウルを氷水に当て、生クリーム、マスカル
　ポーネ、練乳を入れ、ハンドミキサーで
　7分立てにし、クリームを作る。
3 食パンの片面に、2のクリーム（半量）を広
　げて塗り、1のキウイを並べ、残りのク
　リーム（半量）でキウイをおおい、もう1枚
　の食パンではさみ、ラップをして冷蔵庫
　で30分冷やす。
4 食パンの耳を切り落とし、斜め半分に切る。

キウイのオープンサンド

パンの上にキウイを、ギッシリ彩りよくのせるのがポイントです。

材料（2人分）

食パン（6枚切り）…2枚
キウイ（グリーン、ゴールド）…各1個
クリームチーズ …50g
練乳 …10g
くるみ（ロースト / 粗みじん切り）…10g

作り方

1 食パンは、耳を切り落とす。
2 キウイは芯を取り除いて皮をむき、3mm厚さの輪切りにする。
3 ボウルにクリームチーズを入れ、スプーンで混ぜて滑らかにし、練乳を加えてさらに混ぜ、クリームを作る。
4 食パンの片面に、3のクリームを広げて塗り、2のキウイをのせる。斜め半分に切り、器に盛り、くるみを散らす。

キウイとベーコンのサンド

BLTサンドにキウイを加えて、酸味と甘みをプラス、ボリューミーに。

材料（2人分）

食パン（6枚切り）…2枚
キウイ（グリーン）…1/2個
トマト…1個
レタス…4枚
ベーコン…100g
バター（有塩）…適量
マスタード…適量
塩…少々
こしょう…少々
溶けるチーズ…1枚

作り方

1 食パンはトーストする。

2 キウイとトマトは、3mm厚さの薄切りにする。レタスは水にさらしておく。

3 フライパンにベーコンを入れ、カリカリになるまで焼く。

4 食パンの片面に、バターとマスタードを塗る。水切りした**2**のレタスとトマトをのせ、塩、こしょうをふり、溶けるチーズ、**2**のキウイ、**3**のベーコンをのせ、もう1枚の食パンではさむ。

5 **4**のサンドを、斜め半分に切る。

キウイとぶどうのグリーンサラダ

キウイ風味のソースは、甘酸っぱくて爽やか。見た目もきれいです。

材料（2人分）

キウイのビネグレットソース

キウイ（グリーン）…1個

調味料
- ホワイトビネガー …30g
- マスタード …適量
- 塩 …少々
- こしょう …少々

オリーブオイル …30g

サラダ

グリーンサラダ …200g
ラディッシュ（薄切り）…2個分
リコッタチーズ…50g
キウイ（グリーン/いちょう切り）…1個分
マスカット（皮つき/縦半分に切る）…10粒
くるみ（ロースト/粗みじん切り）…20g

作り方

キウイのビネグレットソース

1 キウイは芯を取り除いて皮をむき、横半分に切る。

2 フードプロセッサーにキウイを入れて回し、ペースト状になったら、調味料とオリーブオイルを加えてさらに回す。

サラダ

器にグリーンサラダ、ラディッシュ、リコッタチーズ、キウイ、マスカット、くるみを入れ、キウイのビネグレットソースをかけてざっくり混ぜる。

キウイのカプレーゼ

キウイをプラスしたカプレーゼ。食欲をそそるビタミンカラーです。

材料（2人分）

キウイ（グリーン、ゴールド）…各1個
ミニトマト（小）…3個
モッツァレラチーズ（小）…100g
バジルの葉 …適量
オリーブオイル …30g
塩 …少々
こしょう …少々

作り方

1 キウイは芯を取り除いて皮をむき、くし形に切る。ミニトマトも、くし形に切る。
2 ボウルに1のキウイとミニトマトを入れ、モッツァレラチーズを加えてざっくり混ぜ、バジルの葉を散らす。
3 2にオリーブオイル、塩、こしょうを加えて混ぜ合わせ、器に盛りつける。

キウイサルサの
トルティーヤチップス添え

トマトの代わりにキウイを入れた、おしゃれなサルサです。

材料（2人分）

キウイ（グリーン）…2個
玉ねぎ（紫）…1/4個
オリーブオイル …30g
レモン汁 …30g
塩 …1つまみ
にんにく（おろし）…1/2個分
トルティーヤチップス …適量

作り方

1 キウイは芯を取り除いて皮をむき、1cm角に切る。玉ねぎは粗みじん切りにして、水にさらしておく。

2 ボウルに1のキウイと水切りした玉ねぎを入れる。オリーブオイル、レモン汁、塩、にんにくを加えてざっと混ぜ、キウイサルサを作る。冷蔵庫で冷やし、小さい器に盛りつける。

3 大きい器に、2のキウイサルサをのせ、トルティーヤチップスを添える。

キウイとローズマリーの コーディアル

キウイのサングリア

材料（4人分）

冷蔵保存
2週間

キウイ（グリーン /5mm厚さの輪切り）…2個分
氷砂糖 …キウイと同量
レモン（国産 /5mm厚さの輪切り）…4枚
ローズマリー …5本
＊保存瓶は煮沸消毒しておく。

作り方

1 瓶にキウイと氷砂糖を交互に入れ、レモン、
　ローズマリーを加えて密閉する。
2 冷暗所に置き、1日1回ゆする。
3 3日ほど漬け込み、氷砂糖が溶けたら、シロップ
　だけ取り出し、瓶に入れて冷蔵庫で保存する。

Memo
グラスに入れ、水や炭酸水を注ぎ、5倍に希釈して飲みます。

材料（4人分）

キウイ（グリーン /3mm厚さの輪切り）…1個分
ライム（3mm厚さの輪切り）…1/2個分
ミント …10束
スパークリングワイン（白）…500ml
りんごジュース …200ml

作り方

ピッチャーにキウイ、ライム、ミントを入れ、
スパークリングワインとりんごジュースを注ぐ。

キウイのラッシー

キウイのスムージー

材料（2人分）

プレーンヨーグルト…200g
牛乳…200g
グラニュー糖…30g
レモン汁…5g
キウイソース…100g（グリーン、ゴールド / 各50g）
※材料と作り方→p.18

作り方

1 ジューサーに、プレーンヨーグルト、牛乳、グ
   ラニュー糖、レモン汁を入れて回し、ラッシー
   を作る。
2 2つのグラスに、キウイソース（グリーン、ゴール
   ド）をそれぞれ入れ、**1**のラッシーを注ぐ。

材料（2人分）

キウイ（グリーン）…1個
りんご…1/4個
バナナ…1/2本
小松菜…5枚
牛乳…50g
飾り用キウイ（グリーン / 輪切り）…6枚

作り方

1 キウイは芯を取り除いて皮をむき、横半分に
   切る。りんごとバナナは皮をむき、ひと口大
   に切る。小松菜はざく切りにする。
2 ジューサーに**1**のフルーツと野菜を入れ、牛乳
   を加えて混ぜ、スムージーを作る。
3 2つのグラスの内側に、飾り用キウイを3枚ず
   つ貼り、**2**のスムージーを注ぐ。

加藤里名（かとう りな）

菓子研究家

1988年、東京生まれ。聖心女子大学卒業後、会社員として働きながら「イル・ブルー・シュル・ラセーヌ」でフランス菓子を学び、2013年に渡仏。「ル・コルドン・ブルー・パリ」で菓子上級コースを卒業。パリのパティスリー「Laurent Duchene（ローラン・デュシェーヌ）」で研鑽を積む。2015年に帰国、東京・神楽坂で料理教室「Sucreries（シュクレリ）」を主宰。現在も定期的にヨーロッパ各地を訪れ、フランス菓子をベースに、新感覚のレシピを発案している。著書に『レモンのお菓子づくり』（誠文堂新光社）、『ナンバーケーキ』（主婦と生活社）がある。

https://www.rina-kato-sucreries.com
@ rinakato_sucreries

調理アシスタント　森本成美、加藤綾子

掲載商品（掲載順）

P27）粉末寒天
TOMIZ（富澤商店）
オンラインショップ
https://tomiz.com/
TEL.042-776-6488

P29）粉末アガー
新田ゼラチン株式会社
https://www.nitta-gelatin.co.jp/
TEL.0120-708-760 営業部

P31）ゼラチン A-U
ゼライス株式会社
https://www.jellice.com/
TEL.03-5614-6171(代) 営業本部

P41）ココナッツミルク
ユウキ食品株式会社
お客様相談センター
https://www.youki.co.jp/
TEL.0120-69-5321

P75）ベラミーズ パイシート
三友フーズ株式会社
http://www.sanyufoods.co.jp/
TEL.03-5821-1170

S T A F F

編　　集　伏嶋夏希（株式会社マイナビ出版）
　　　　　雨宮敦子（Take One）
撮　　影　市瀬真以
デザイン　久保多佳子（haruharu）
スタイリスト　宮沢ゆか
校　　正　株式会社鷗来堂

器 協 力　UTUWA

キウイのスイーツレシピ
こ ん な の 初 め て ！ 一 冊 ま る ご と キ ウ イ レ シ ピ 48

2020年7月15日　初版第1刷発行

著　者　加藤里名

発行者　滝口直樹

発行所　株式会社マイナビ出版
　　　　〒101-0003 東京都千代田区一ツ橋2-6-3
　　　　一ツ橋ビル2F
　　　　TEL　0480-38-6872（注文専用ダイヤル）
　　　　　　　03-3556-3731（販売部）
　　　　　　　03-3556-2735（編集部）
　　　　e-mail　pc-books@mynavi.jp
　　　　URL　https://book.mynavi.jp/

印刷・製本　株式会社大丸グラフィックス